1 Pfanne – 50 Rezepte

ruckzuck auf dem Tisch

> Autorin: Martina Kittler | Fotos: Kai Mewes

Inhalt

Extra

➤ **GU Serviceseiten**

Pfannenküche mit Phantasie

Mit Bratkartoffeln und Spiegeleiern pflegt sie schon lange ein inniges Verhältnis – die Pfanne, das traditionelle Küchengerät mit den unübertrefflichen Brateigenschaften. Doch auch mit Gemüse, Fleisch jeder Art, Nudeln, Reis und Mehlspeisen wie Kaiserschmarren & Co. ist sie fest verbandelt. Dabei erweist sich die Pfanne als echtes Multitalent: Ob schnelles Pfannenrühren, Braten, sanftes Dünsten, Kochen, Quellen oder Gratinieren – viele Arten der Zubereitung sind möglich. Alle Pfannengerichte sind köstlich und ohne großen Aufwand nachzukochen und als komplette Mahlzeit wie gemacht für jeden Tag.

Zwei Pfannen für viele Fälle

In jede Küche gehören zwei Pfannen: Eine unbeschichtete Pfanne für kurzes, scharfes Anbraten von Fleisch und für alles, was kross werden soll. Und eine beschichtete Pfanne zum schonenden Braten von empfindlichen Gerichten wie Eier- und Mehlspeisen, zartem Fisch und Geflügel.

1 | Unbeschichtete Pfannen

In Pfannen aus Gusseisen oder aus schwarzem, nickelfreiem Stahl mit Glaskeramik gelingt alles, was bei hoher Hitze knusprig und zart gebraten werden soll, besonders gut: Fleisch, Kartoffeln, Reis und Pfannengemüse. Denn das dunkle und

> **1**
> *In schweren dunklen Pfannen wird Fleisch wirklich knusprig.*

extrastarke Material speichert die Hitze optimal und gibt sie gleichmäßig an Pfannenboden und -wände ab. Allerdings ist die Vorheizzeit des Materials länger. Edelstahlpfannen haben spezielle Thermik-Sandwichböden, die die Hitze gleichmäßig verteilen.

2 | Beschichtete Pfannen

Antihaftbeschichtete Pfannen sind ideal für das gesunde und kalorienarme Braten mit wenig oder ohne Fett, weil nichts am Pfannenboden haften bleibt. Mit ihnen kann man schonend bei mittleren und niedrigen Temperaturen braten, z. B. Omeletts, Pfannkuchen, mariniertes Fleisch und Fisch. Zudem sind sie leicht zu reinigen. Versiegelte Pfannen gibt es in zwei Ausführungen: als Leichtmetallpfanne aus gegossenem Aluminium oder als Gusspfanne. Besonders hart und unempfindlich gegenüber Kratzspuren von scharfen Gegenständen sind mit Titan hartbeschichtete Pfannen, die bis 230° erhitzt werden

> **2**
> *In einer Aluguss-Pfanne mit Titanoberfläche richtet sogar ein Metallwender keinen Schaden an.*

können. Eine antihaftversiegelte Aluguss-Wokpfanne eignet sich besonders für das fettsparende Pfannenrühren. Schon nach kurzer Zeit wird sie bis zum Rand heiß.

Hinweis

Goldgelb statt knusprigbraun: Nach dieser Regel sollten stärkereiche Nahrungsmittel wie Kartoffeln, Reis, Nudeln und Mais nur so lange wie nötig und so sanft wie möglich gebraten werden. Bei mäßiger Temperatur (nicht über 175°) entstehen keine großen Mengen des gesundheitsgefährdenden Acrylamids.

Das Pfannen-Zubehör

Abstell-Untersetzer: Gitter, z. B. aus Chrom, Edelstahl oder Unterlagen aus rutschfestem und hitzebeständigem Kunststoff sind notwendig, wenn man die Pfanne mit der kompletten Mahlzeit direkt vom Herd auf den Tisch stellen möchte. Unterlagen aus Kork oder Holz sind weniger geeignet, da sie einbrennen können.

Deckel: Gibt es aus Metall oder Glas. Der Deckel muss dicht mit der Pfanne abschließen, damit das Bratgut nach dem Anbraten zugedeckt dünsten, schmoren oder nachziehen kann, ohne dass Dampf entweicht und Flüssigkeit abtropft. Deckel mit verschließbaren Lüftungsschlitzen legt man schon beim Anbraten auf.

Pfannenwender: Die schaufelartige Palette dient zum Wenden von Gebratenem. Ideal sind Wender mit durchbrochener Fläche, bei denen das Fett nach unten ablaufen kann. In beschichteten Pfannen Bratwender aus hitzestabilem Kunststoff verwenden, Wender aus Metall sind nur in Metallpfannen erlaubt.

Holzspatel: Der breite, spachtelartige Kochlöffel aus Holz dient zum Umrühren und Wenden vor allem in beschichteten Pfannen, da er keine scharfen Kanten hat. Er ist nicht spülmaschinenfest.

Greifwender: So nennt man das flache, schneebesenartige Gerät, mit dem man z. B. ein Stück Fleisch zwischen den beiden Drahtschaufeln einklemmen kann, um es beim Braten zu wenden.

Spritzschutz: Wird beim Braten auf die Pfanne gelegt, um das Spritzen von Fett zu verhindern. Als Metallgitter oder Universal-Deckel mit Dampföffnungen für alle Pfannengrößen erhältlich.

5

Das richtige Fett zum Braten

Butter: Enthält 16 % Wasser, außerdem Milcheiweiß und Salz. Sie darf zum kurzen Braten in die Pfanne, soll aber nicht zu stark erhitzt werden! Bei Temperaturen von 110° verbrennt die Butter. Zum kräftigen Braten oder Anbraten von Fleisch ist Butter nicht geeignet.
Butterschmalz ist reines Butterfett, also weitgehend von Wasser, Milcheiweiß und -zucker befreite Butter. Es kann zum Braten über 200° erhitzt werden, ohne dass es spritzt oder verbrennt. Fleisch, Fisch, Geflügel und Kartoffeln erhalten den typischen, feinen Buttergeschmack.

Schweine- und Gänseschmalz: Geschmeidiges, weißes Speisefett, das aus dem Rückenspeck oder Bauchfett des Schweins oder aus dem Fettgewebe der Gans ausgeschmolzen wird. Schmalz ist bis etwa 160° erhitzbar und überall dort ein hervorragendes Bratfett, wo ein etwas würziges Aroma erwünscht ist: bei deftigen Gerichten wie Serbischem Reisfleisch und gebratener Gänsebrust, Sauerkraut und Rotkohl. Es schmeckt aber auch vermischt mit Grieben, als Brotaufstrich gut. Zudem ist es extrem lange haltbar – in Steingut 1–2 Jahre!

Pflanzenfette: Streichfähige oder feste Fette, die aus pflanzlichen Ölen wie Erdnuss- oder Kokosfett, zum Teil mit einem Zusatz von tierischen Ölen gewonnen und künstlich gehärtet werden. Dabei wird durch Wasserstoffanlagerung (Hydrierung) ein Teil der ungesättigten in gesättigte Fettsäuren umgewandelt. Sie sind geschmacksneutral und hoch erhitzbar (bis über 200°), zum Braten und Frittieren geeignet. Reines Kokos- oder auch Palmkernfett in Plattenform ist schneeweiß, gut portionierbar und ideal für alles, was schnell knusprig braun werden soll.

Pflanzenöle: Ob ein kaltgepresst oder raffi wurde, entscheidet üb seine Verwendung im Küchenalltag. Kaltgepr te aromatische Pflanze wie z. B. »Natives Olive extra« sind für Salate zum sanften Braten. R nierte Öle liefern ein h geschmacksneutrales Man kann sie gut erhit Nur: Rauchen sollten s nicht. Gängige Öle aus Samen und Früchten v Raps, Oliven, Sonnenb men, Disteln oder Mis gen sind vielseitig eins bar. Gut zur Abwechslu Erdnuss- und Sojaöl fü asiatische Rührbraten

Kochtechniken

Küchenpraxis

Ob Fleisch außen knusprig und innen rosa gebraten, Gemüse bissfest gedünstet oder in heißem Öl auf den Punkt gerührt wird – immer hängt der Kocherfolg bei Pfannengerichten ganz wesentlich vom genauen Umgang mit der Küchentechnik ab. Das Braten, Dünsten, Pfannenrühren oder Kochen in der Pfanne geht in der Regel schnell. Deshalb sollte man – je nach Rezept und Geschmack – einen Teil der Zutaten schon vorbereitet bereitstellen, ehe man das Fett erhitzt. Da heißt es: Gemüse schnippeln oder blanchieren, Nudeln kochen, Bulgur quellen lassen, Fleisch schnetzeln und Würzsaucen mischen. Wichtige Utensilien beim Vorbereiten sind ein geräumiges Küchenbrett und Messer in verschiedenen Größen. Ein Kurzzeitwecker, der sich minutengenau einstellen lässt, leistet anschließend beim Anbraten und Garen der Zutaten gute Dienste.

Braten

Geschnetzeltes und Filets werden bei starker Hitze in heißem Fett kurz gebraten. Fisch, Gemüse, Bratkartoffeln und Eiergerichte bräunt und gart man bei mäßiger Hitze. Größere Mengen immer portionsweise braten, damit sich kein Saft bildet.

Sautieren und Pfannenrühren

Fein geschnittene Zutaten werden in heißem Öl bei starker Hitze unter ständigem Rühren geschwenkt und in wenigen Minuten bissfest gebraten. Flüssigkeit zuletzt dazugeben und kurz dünsten – je nach Rezept.

Dünsten

Wasserhaltige Gemüse, z. B. Pilze oder Zucchini, Fisch und zartes Fleisch dünstet man in wenig Fett bei mittlerer Hitze an, dann gart man sie mit wenig Wasser, Brühe oder auch Tomaten zugedeckt bei milder Hitze.

Kochen und Quellen

Eine Pfanne eignet sich fürs Kochen, wenn klein geschnittene Gemüse in knapp bemessenem Wasser oder Brühe garen. Oder wenn Getreide (Reis, Hirse), Teigwaren (Reisnudeln) oder Hülsenfrüchte (Linsen) die Flüssigkeit aufnehmen.

Gnocchi können Sie frisch aus dem Kühlregal kaufen. Für Kombinationen mit Saucen sind sie geeignet.

➤ Gnocchi mit Tomaten-Salbei-Sauce

800 g Gnocchi ungekocht in 3 EL Olivenöl 3–4 Min. goldbraun braten, herausnehmen. Je 1 Zwiebel und Knoblauchzehe fein hacken und in 1 EL Olivenöl glasig dünsten. 2 Dosen gehackte Tomaten (je 400 g) und 6 streifig geschnittene Salbeiblätter zufügen, in 10 Min. bei mittlerer Hitze dicklich kochen. Mit Salz und Pfeffer würzen. Gnocchi und Sauce anrichten, mit Parmesan bestreuen.

Schupfnudeln finden Sie im Kühlregal Ihres Supermarkts. Mit frischem Gemüse zaubern Sie damit im Handumdrehen eine schnelle, gesunde Mahlzeit.

➤ Mangold-Schupfnudeln

1 kg Schupfnudeln portionsweise in 3 EL Butterschmalz bei mittlerer Hitze bei vorsichtigem Wenden goldbraun braten, herausnehmen. 1 Zwiebel und klein gewürfelte Stiele von 500 g Mangold in 2 EL Butter andünsten. In Streifen geschnittene Mangoldblätter zufügen und 5 Min. zugedeckt dünsten. Mit Salz, Pfeffer und Muskat würzen. Schupfnudeln untermischen.

Frische Nudeln gibt es, ob als Band oder gefüllt, in großer Auswahl aus dem Kühlfach: Tagliatelle, Fettuccine, Eierspätzle, Ravioli, Tortelloni, Agnolotti, Maultaschen.

➤ Gebratene Maultaschen

600 g Maultaschen in kochendem Salzwasser garen. 400 g Möhren in Streifen, 1 Bund Frühlingszwiebeln in feine Ringe schneiden. 400 g kleine Champignons halbieren. Gemüse in 1 EL Öl und 2 EL Butter 5 Min. dünsten. Maultaschen abgießen, in Streifen schneiden und untermischen. Noch 5 Min. braten, salzen und pfeffern. 2 EL Schnittlauchröllchen aufstreuen.

Bratkartoffeln, Kartoffelpuffer und Rösti werden tiefgekühlt angeboten.

➤ Gratinierte Puffer

8 Kartoffelpuffer unaufgetaut in 2 EL Butterschmalz 4 Min. von beiden Seiten braten, vom Herd nehmen. 150 g Salatgurke und 4 kleine Tomaten waschen und in Scheiben schneiden. Puffer nacheinander mit Gurke, je 1 Basilikumblatt, 80 g geräucherter Putenbrust in Scheiben, Tomaten und 100 g Goudascheiben belegen. In der Pfanne zugedeckt 6 Min. überbacken.

...eis, der vom Vortag
...rig geblieben ist, lässt
...ch mit Gemüse,
...eisch, Wurst oder
...sch schmackhaft in
...r Pfanne braten.

Reis-Pfanne mit Tun-
...ch
Zwiebel und 2 Knob-
...uchzehen fein gehackt
...2 EL Olivenöl andüns-
...n. Je 1 rote und gelbe
...prikaschote in Streifen
...hneiden, zufügen und
...Min. dünsten. 800 g
...kochten Reis (150 g
...h) und 150 g tiefge-
...hlte Erbsen dazugeben
...d mit 2 EL Butter unter
...enden goldbraun bra-
...n. 2 Dosen Tunfisch
...140 g Abtropfgewicht)
...gießen, zerpflücken
...d untermischen. Mit
...alz, Pfeffer und Thymian
...ürzen.

Nudelreste sind immer
willkommen. Denn was
übrig bleibt, kann man
am nächsten Tag prima
für pikante neue Gerichte
verwenden.

➤ Nudelomelett mit
Gemüse
6 Eier, 3 EL Milch, Salz,
Pfeffer und 1/2 TL edelsüßes Paprikapulver verquir-
len. 300 g tiefgekühltes
mexikanisches Pfannenge-
müse in 3 EL Butterschmalz
5 Min. dünsten. 200 g
gekochten Schinken gewür-
felt und 750 g gekochte
kurze Nudeln zufügen,
5 Min. weiterbraten. Eier-
masse darüber gießen,
5 Min. in der Pfanne sto-
cken lassen, wenden und
noch 5 Min. braten.

Übrig gebliebene Pellkar-
toffeln sind eine ideale
Grundlage für Bratkar-
toffeln.

➤ Tiroler Gröstl
800 g Pellkartoffeln schälen und in Scheiben schneiden. 100 g Räucherspeck
klein würfeln und in 2 EL
Butterschmalz anbraten,
2 Zwiebeln in feinen Streifen und Kartoffeln zufügen,
bei mittlerer Hitze 15 Min.
braten. Mit Salz, Pfeffer
und Kümmel würzen. 300 g
Schweinebraten-Aufschnitt
(oder Bratenreste) streifig
schneiden, untermischen
und 3 Min. mitrösten.

Pellkartoffeln vom Vortag
lassen sich auch sehr gut
geraspelt braten, beson-
ders gut schmecken sie
gemischt, beispielsweise
mit Lauch.

➤ Kartoffel-Lauch-
Plätzchen
750 g Pellkartoffeln schälen und grob raspeln.
3 Stangen Lauch in feine
Ringe schneiden, in 2 EL
Butter 5 Min. dünsten. Mit
3 Eiern und 1–2 EL Mehl
unter die Kartoffeln
mischen. Mit Salz, Pfeffer
und Muskat würzen. Von
der Masse mit 2 Esslöffel
Häufchen in 3 EL heißes
Butterschmalz geben, bei
mittlerer Hitze beidseitig
5 Min. braten.

Gemüse- und Kartoffelpfannen

Frisches Gemüse für jeden Tag: heute knackig gebratene Zuckerschoten, morgen eine deftige Pilzpfanne, übermorgen geschmorte Tomaten mit dem Geschmack des Südens oder den Gewürzen Asiens. Das Schöne daran ist, dass alle dabei satt werden, denn Kartoffeln, Bohnen, Brot, Eier und andere „Sattmacher" gehen mit Lauch, Zucchini & Co. eine innige Verbindung ein.

Blitzrezepte

Erdnuss-Gemüse

FÜR 4 PERSONEN

➤ 750 g Zucchini | 2 rote Paprikaschoten | 125 g geschälte Erdnüsse | 3 EL Erdnussöl | 1 Knoblauchzehe | 1/8 l Gemüsebrühe | 2 EL Sojasauce | 2 EL feine Erdnusscreme (Fertigprodukt) | Salz | Pfeffer

1 | Gemüse waschen und putzen. Zucchini in Stifte schneiden. Paprika vierteln, quer in 1 cm breite Streifen schneiden. Erdnüsse in einer Pfanne goldbraun rösten.

2 | Öl sehr heiß werden lassen. Zucchini und Paprika 3 Min. kräftig anbraten. Knoblauch schälen und dazupressen. Brühe, Sojasauce und Erdnusscreme einrühren, 5 Min. dünsten. Salzen und pfeffern, mit Erdnüssen bestreuen.

Pfannen-Kartoffeln

FÜR 4 PERSONEN

➤ 1 kg Pellkartoffeln | 3 Möhren | 1 Zwiebel | 2 TL Thymian (getrocknet oder frisch gehackt) | Salz | Pfeffer | 3 EL Butterschmalz | 200 g Gorgonzola

1 | Kartoffeln und Möhren schälen und grob raspeln. Zwiebel schälen, fein reiben und dazugeben. Mit Thymian, Salz und Pfeffer würzen.

2 | Butterschmalz in einer großen Pfanne erhitzen. Kartoffelmasse darin verteilen und bei schwacher Hitze 10 Min., dann 5 Min. bei stärkerer Hitze goldbraun braten. In Stücke zerteilen, wenden, von der anderen Seite noch 5 Min. braten. Gorgonzola darüber bröckeln.

mediterran

Blitz-Ratatouille

FÜR 4 PERSONEN

➤ 1 Gemüsezwiebel

2 Knoblauchzehen

je 1 rote und gelbe Paprikaschote

1 Aubergine

2 kleine feste Zucchini

4 EL Olivenöl

1 Dose geschälte Tomaten (800 g Inhalt)

1/8 l kräftige Gemüse-brühe

Salz | Pfeffer

2 TL Kräuter der Provence

1 Bund glatte Petersilie

🕒 Zubereitung: 40 Min.
➤ Pro Portion ca.: 175 kcal

1 | Zwiebel schälen, halbieren und in dünne Scheiben schneiden. Knoblauchzehen schälen. Gemüse waschen und putzen. Paprika 2 cm groß würfeln, Aubergine und Zucchini längs vierteln und in Scheiben schneiden.

2 | Öl in einer großen Pfanne erhitzen. Zwiebel darin glasig dünsten. Knoblauch dazu-drücken. Erst Aubergine hin-zufügen und 5 Min. braten,

dann Paprika und Zucchini dazugeben und weitere 5 Min. bei mittlerer Hitze unter Wenden dünsten.

3 | Tomaten samt Saft und Brühe einrühren. Gemüse mit Salz, Pfeffer und Kräutern würzen. Zugedeckt 10 Min. dünsten.

4 | Petersilie waschen und hacken. Vor dem Servieren auf das Gemüse streuen.

scharf

Mexikanisches Gemüse

FÜR 4 PERSONEN

➤ 1 Zwiebel

2 Knoblauchzehen

1 Bund Frühlingszwiebeln

4 Stangen Staudensellerie

1 Dose Kidneybohnen (250 g Abtropfgewicht)

1 Dose Mais (285 g Abtropfgewicht)

4 Weizentortillas (Fertigprodukt)

2 EL Olivenöl

400 g passierte Tomaten (Tetrapack)

2 TL Chilipulver

Salz | Cayennepfeffer

🕒 Zubereitung: 30 Min.
➤ Pro Portion ca.: 730 kcal

1 | Zwiebel und Knoblauch schälen und fein würfeln. Frühlingszwiebeln und Selle-rie waschen und putzen. Zwiebeln in dünne Ringe, Sellerie in Scheiben schnei-den. Bohnen und Mais in ein Sieb abgießen, abbrausen und abtropfen lassen.

2 | Tortillas achteln. In einer großen heißen Pfanne por-tionsweise 1 Min. von beiden Seiten braten, beiseite stellen.

3 | Olivenöl in der Pfanne erhitzen. Zwiebel und Knob-lauch glasig dünsten. Sellerie und zwei Drittel der Früh-lingszwiebeln einrühren und 3 Min. mitdünsten. Bohnen, Mais, Tomatenpüree und 1/8 l Wasser zufügen und untermischen. Mit Chilipul-ver, Salz und Cayennepfeffer kräftig abschmecken. Alles zugedeckt bei milder Hitze 10 Min. köcheln lassen.

4 | Gemüsepfanne mit den übrigen Frühlingszwiebeln bestreuen und mit den Tor-tillastücken belegen.

vegetarisch

Pilzpfanne

FÜR 4 PERSONEN

➤ 750 g gemischte Pilze (z. B. Champignons, Austernpilze, Pfifferlinge)
200 g Mischbrot vom Vortag
1 Zwiebel
1 Knoblauchzehe
4 Eier
150 g Sahne
Salz | schwarzer Pfeffer
2 EL Öl
1 EL Butter
1 EL Thymian (frisch oder getrocknet)
1 Bund Schnittlauch

🕓 Zubereitung: 35 Min.
➤ Pro Portion ca.: 430 kcal

1 | Pilze putzen, abreiben und halbieren oder vierteln, Austernpilze in Streifen schneiden. Brot würfeln. Zwiebel schälen und hacken. Knoblauch schälen. Eier und Sahne verquirlen, salzen und pfeffern.

2 | Öl in einer großen Pfanne erhitzen. Brot darin unter Wenden in 5 Min. hellbraun rösten. Knoblauch dazupressen und unterrühren. Croûtons herausnehmen, auf Küchenpapier abtropfen lassen.

3 | Butter erhitzen, Zwiebel darin glasig dünsten. Pilze 2–3 Min. mitbraten. Mit Thymian, Salz und Pfeffer würzen. Eiersahne angießen, bei milder Hitze in 2 Min. leicht fest werden lassen.

4 | Schnittlauch waschen, fein schneiden und die Hälfte davon mit dem Brot untermischen, kurz erhitzen. Mit übrigem Schnittlauch bestreut sofort servieren.

für Gourmets

Kürbis-Maronen-Gemüse

FÜR 4 PERSONEN

➤ 1 kg Kürbis (ungeputzt gewogen)
200 g Schalotten
3 EL Butter
250 ml Gemüsebrühe
150 g Crème fraîche
Salz | Pfeffer
1 Msp. Cayennepfeffer
500 g gekochte Maronen (vakuumverpackt oder aus der Dose)
1 Bund Petersilie

🕓 Zubereitung: 40 Min.
➤ Pro Portion ca.: 510 kcal

1 | Kürbis schälen, Kerne und Samenfäden entfernen, Kürbisfleisch würfeln. Schalotten schälen und längs halbieren oder vierteln.

2 | Butter in einer großen Pfanne erhitzen. Schalotten darin 3 Min. anbraten. Kürbis dazugeben und 5 Min. mitdünsten. Brühe und Crème fraîche unterrühren, aufkochen, mit Salz, Pfeffer und Cayennepfeffer würzen. Bei mittlerer Hitze unter gelegentlichem Rühren 10 Min. offen köcheln lassen.

3 | Maronen untermischen. Zugedeckt weitere 5 Min. mitschmoren. Petersilie waschen, abzupfen und hacken. Gemüse mit Salz und Pfeffer abschmecken, Petersilie aufstreuen. Dazu schmeckt Stangenweißbrot und Salat.

im Bild vorne: **Kürbis-Maronen-Gemüse**   im Bild hinten: **Pilzpfanne** ➤

orientalisch

Blumenkohl-pfanne

FÜR 4 PERSONEN

➤ 1 Blumenkohl
800 g Tomaten
1 Dose Kichererbsen (240 g Abtropfgewicht)
1 Zwiebel
2 TL Senfkörner
2 TL Korianderkörner
4 EL Erdnussöl
200 ml Gemüsebrühe
Salz | Pfeffer
1 Bund Koriandergrün
200 g Joghurt

🕘 Zubereitung: 45 Min.
➤ Pro Portion ca.: 270 kcal

1 | Blumenkohl putzen, waschen und in Röschen teilen. Tomaten überbrühen, abschrecken und häuten. 2 Tomaten beiseite legen, übrige halbieren und würfeln. Kichererbsen im Sieb kalt abbrausen, abtropfen lassen. Zwiebel schälen und würfeln.

2 | Senf- und Korianderkörner grob zerstoßen und ohne Fett in einer Pfanne rösten. 2 EL Öl dazugeben, Zwiebel darin glasig dünsten. Blumenkohl mit restlichem Öl dazugeben, 5 Min. braten. Mit Tomatenwürfeln und Brühe zugedeckt 15 Min. dünsten.

3 | Übrige Tomaten achteln, mit Kichererbsen zum Gemüse geben, 3–4 Min. dünsten, salzen und pfeffern.

4 | Koriandergrün hacken, die Hälfte unter den Joghurt rühren, dazu servieren. Restliches Koriandergrün aufstreuen.

asiatisch

Gemüse-Tofu-Pfanne

FÜR 4 PERSONEN

➤ 300 g Tofu
4 EL Sojasauce
1/2 Spitzkohl oder junger Weißkohl (ca. 600 g)
3 Möhren
200 g Zuckerschoten
200 g Baby-Maiskölbchen (ersatzweise aus der Dose)
2 EL Fischsauce
150 ml Gemüsefond
1 TL Speisestärke
5 EL Erdnussöl
Salz | Pfeffer

🕘 Zubereitung: 35 Min.
➤ Pro Portion ca.: 450 kcal

1 | Tofu würfeln, in 2 EL Sojasauce wenden. Kohl putzen, achteln, vom Strunk befreien und in 1 cm breite Streifen schneiden. Möhren schälen und in feine Stifte schneiden. Zuckerschoten waschen. Maiskölbchen waschen und längs halbieren. Übrige Sojasauce, Fischsauce, Fond, Pfeffer und Speisestärke verquirlen. Tofu abtropfen lassen.

2 | 2 EL Öl im Wok oder in einer breiten Pfanne heiß werden lassen. Tofu darin in 2 Min. rundherum braun anbraten, mit Salz und Pfeffer würzen, herausnehmen.

3 | Restliches Öl in der Pfanne erhitzen, Kohl und Möhren dazugeben und unter Rühren 3 Min. scharf anbraten. Zuckerschoten und Maiskölbchen 2 Min. mitbraten.

4 | Mit der Würzsauce ablöschen, aufkochen und das Gemüse unter ständigem Rühren in 5 Min. bissfest garen. Tofu darüber streuen. Dazu passt Basmatireis.

asiatisch

Linsen-Lauch-Gemüse

FÜR 4 PERSONEN

➤ 1,2 kg Lauch
  3 Schalotten
  1 walnussgroßes Stück Ingwer
  1 kleine rote Chilischote
  2 EL Butterschmalz
  400 g rote Linsen
  2 TL Garam masala (aus dem Asienladen)
  3/4 l Gemüsebrühe
  1 Bund Koriandergrün (ersatzweise Petersilie)
  Salz | Pfeffer
  3 EL Schmand

🕐 Zubereitung: 30 Min.
➤ Pro Portion ca.: 480 kcal

1 | Lauch waschen, putzen und in 2 cm lange, schräge Stücke schneiden. Schalotten und Ingwer schälen, Chilischote putzen und alles fein würfeln.

2 | Schmalz in einer Pfanne erhitzen. Schalotten, Ingwer und Chili darin 2 Min. dünsten. Lauch einrühren und im heißen Fett wenden. Linsen und Garam masala dazugeben und 3 Min. unter Rühren anschwitzen. Brühe dazugießen, alles zugedeckt bei mittlerer Hitze 7–8 Min. köcheln lassen.

3 | Koriandergrün waschen, abzupfen und grob hacken. Linsengemüse mit Salz und Pfeffer abschmecken, Schmand einrühren und kurz erhitzen. Mit Koriandergrün bestreuen, Basmatireis dazu servieren.

indisch

Kartoffel-Mangold-Curry

FÜR 4 PERSONEN

➤ 2 EL Kokosraspel
  800 g fest kochende Kartoffeln
  500 g Mangold
  1 Zwiebel
  1 walnussgroßes Stück Ingwer
  2 EL Butterschmalz
  4 TL scharfes Currypulver
  250 ml Gemüsefond
  250 ml ungesüßte Kokosmilch (aus der Dose)
  Salz | Pfeffer

🕐 Zubereitung: 45 Min.
➤ Pro Portion ca.: 220 kcal

1 | Kokosraspel in einer Pfanne bei mittlerer Hitze ohne Fett unter Rühren goldbraun braten.

2 | Kartoffeln schälen, waschen und würfeln. Mangold waschen, putzen, Stiele fein hacken, Blätter in Streifen schneiden und grob hacken. Zwiebel und Ingwer schälen und fein würfeln.

3 | Das Schmalz in einer großen Pfanne erhitzen, Zwiebel, Ingwer und Mangoldstiele darin 3 Min. dünsten. Kartoffeln dazugeben, mit Curry bestäuben und unter ständigem Rühren 2 Min. rösten. Mit dem Fond ablöschen, Kokosmilch unterrühren, aufkochen und zugedeckt bei mittlerer Hitze 15 Min. köcheln lassen, bis die Kartoffeln fast weich sind.

4 | Mangoldgrün untermischen und zugedeckt bei milder Hitze weitere 3 Min. mitdünsten, salzen und pfeffern. Kokosraspel aufstreuen.

im Bild vorne: **Linsen-Lauch-Gemüse**   *im Bild hinten:* **Kartoffel-Mangold-Curry** ➤

preiswert

Gemüsepfanne mit Feta

FÜR 4 PERSONEN

➤ 600 g kleine fest kochende Kartoffeln

Salz | Pfeffer

300 g Broccoli

1 große rote Paprikaschote

2 Tomaten

1 Zwiebel

2 EL Butterschmalz

rosenscharfes Paprika-pulver

200 g Feta

🕒 Zubereitung: 40 Min.

➤ Pro Portion ca.: 280 kcal

1 | Kartoffeln waschen, in Salzwasser 20 Min. garen. Broccoli waschen, putzen und in Röschen teilen. In kochendem Salzwasser 3 Min. blanchieren, eiskalt abschrecken. Paprika waschen, putzen und in feine Streifen schneiden. Tomaten waschen, vierteln, entkernen und in Spalten schneiden. Zwiebel schälen und klein würfeln.

2 | Kartoffeln abgießen, abdämpfen und etwas abkühlen lassen, schälen und in Scheiben schneiden.

3 | Schmalz in einer großen Pfanne erhitzen. Die Kartoffelscheiben hineingeben, mit Zwiebeln bestreuen und 5 Min. anbraten. Dann Paprika und Broccoli hinzufügen, wenden und 3 Min. weiterbraten. Tomaten unterheben, mit Salz, Pfeffer und Paprikapulver würzen. Zerbröckelten Feta aufstreuen.

Spezialität aus Norddeutschland

Pfannenfisch

FÜR 4 PERSONEN

➤ 600 g Kabeljaufilet

2 EL Zitronensaft

Salz | Pfeffer

800 g fest kochende Pellkartoffeln (vom Vortag)

3 Zwiebeln

100 g Räucherspeck

1 Bund Petersilie

4 große Eier

125 g Sahne

2 TL mittelscharfer Senf

1 EL Öl

🕒 Zubereitung: 50 Min.

➤ Pro Portion ca.: 600 kcal

1 | Fischfilet in mundgerechte Stücke schneiden, mit Zitronensaft, Salz und Pfeffer würzen. Kartoffeln und Zwiebeln schälen und würfeln. Speck in kleine Würfel schneiden. Petersilie waschen, abzupfen und hacken.

2 | Eier, Sahne und Senf gründlich verquirlen, salzen und pfeffern. Die Hälfte der Petersilie unterrühren.

3 | In einer großen beschichteten Pfanne das Öl erhitzen. Fischstücke darin portionsweise unter vorsichtigem Wenden von jeder Seite 1–2 Min. braten, aus der Pfanne nehmen.

4 | Speck im heißen Bratfett kross ausbraten. Zwiebeln dazugeben und glasig dünsten. Kartoffeln hinzufügen und 5 Min. mitbraten. Fisch vorsichtig untermischen, salzen und pfeffern. Eiermasse über die Kartoffeln gießen, zugedeckt in 5–7 Min. bei mittlerer Hitze stocken lassen. Mit übriger Petersilie bestreuen. Dazu passt Rote-Beete-Salat.

im Bild vorne: **Pfannenfisch**   *im Bild hinten:* **Gemüsepfanne mit Feta** ➤

preiswert

Sauerkraut-Kartoffelpuffer

FÜR 4 PERSONEN

➤ 1 kg vorwiegend fest kochende Kartoffeln

1 Zwiebel

500 g Sauerkraut

2 Eier

2 EL Mehl

1 TL Salz | Pfeffer

gemahlener Kümmel

6 EL Öl

150 g Bacon (Frühstücksspeck)

100 g Schmand

🕓 Zubereitung: 60 Min.

➤ Pro Portion ca.: 670 kcal

1 | Kartoffeln schälen, waschen und fein reiben. Zwiebel schälen und dazureiben. Sauerkraut ausdrücken, hacken und dazugeben. Eier, Mehl, Salz, Pfeffer und Kümmel unter die Kartoffelmasse rühren.

2 | In einer großen Pfanne 1 EL Öl erhitzen. Bacon kross ausbraten, auf Küchenpapier abtropfen lassen.

3 | Je Puffer 1 gehäuften EL Teig ins heiße Speckfett geben, glatt streichen und auf jeder Seite in 3–4 Min. bei mittlerer Hitze goldbraun braten. Teig nach und nach verbrauchen, immer wieder etwas Öl in die Pfanne geben.

4 | Die Kartoffelpuffer auf Küchenpapier kurz abtropfen lassen, mit dem Bacon und je einem Klecks Schmand servieren.

Spezialität aus Spanien

Erbsen-Tortilla

FÜR 4 PERSONEN

➤ 800 g vorwiegend fest kochende Kartoffeln

2 Zwiebeln

300 g Erbsen (TK)

200 g magerer gekochter Schinken

1 Bund Petersilie

6 EL Olivenöl

Salz | Pfeffer

8 Eier

🕓 Zubereitung: 55 Min.

➤ Pro Portion ca.: 550 kcal

1 | Kartoffeln schälen und in dünne Scheiben schneiden. Zwiebeln schälen und fein würfeln. Erbsen antauen lassen. Schinken klein würfeln. Petersilie waschen, abzupfen und hacken.

2 | In einer großen beschichteten Pfanne 4 EL Öl erhitzen, Kartoffeln darin bei mittlerer Hitze unter Wenden 10 Min. braten, ohne sie zu bräunen. Salzen und pfeffern.

3 | Zwiebeln untermischen und bei milder Hitze weitere 10 Min. braten. Erbsen, Schinken und Petersilie untermischen und kurz mitdünsten.

4 | Inzwischen die Eier mit 8 EL Wasser verquirlen, mit Salz und Pfeffer würzen und über die Kartoffeln gießen. Die Tortilla zugedeckt bei milder Hitze in 10 Min. stocken lassen, zwischendurch die Pfanne rütteln. Das übrige Öl seitlich in die Pfanne gießen und erhitzen. Tortilla 5 Min. zugedeckt bei etwas stärkerer Hitze braten.

Reis, Nudeln & Co.

Einer bunten Pfanne kann kaum jemand widerstehen – zusammen mit knackigem Gemüse, aromatischem Käse, Fleisch oder Wurst werden Nudeln und Reis garantiert die Renner bei Groß und Klein. Mal knusprig gebraten, mal angeröstet und sanft gegart – die Gerichte sind herrlich umkompliziert und doch abwechslungsreich. Das Richtige, wenn es mittags schnell gehen muss oder Gäste kommen. Die Palette reicht von der feinen Hirse-Gemüse-Pfanne über herzhafte Käse-Spätzle bis zum deftigen Reisfleisch. Ein Dutzend köstliche Pfannengerichte – allesamt richtige Familien-Hits!

Blitzrezepte

Gebratene Lauchnudeln

FÜR 4 PERSONEN

➤ 300 g chinesische Mie-Bandnudeln
Salz | Pfeffer | 1 kg Lauch | 2 Schalotten
1 Knoblauchzehe | 1/2 Bund Schnitt-
lauch | 4 EL Öl | 2 EL Sojasauce | 1 EL
Walnussöl | 100 g gehackte Walnüsse

1 | Nudeln nach Packungsangabe in Salz-
wasser kochen. Lauch waschen, putzen
und in dünne Ringe schneiden. Schalotten
und Knoblauch schälen und würfeln.
Schnittlauch waschen und fein schneiden.

2 | Schalotten, Knoblauch und Lauch im
heißen Öl 3 Min. braten. Abgetropfte
Nudeln 5 Min. mitbraten. Mit Sojasauce,
Salz, Pfeffer und Walnussöl würzen.
Schnittlauch untermischen, Walnüsse auf-
streuen.

Orangen-Couscous mit Chicorée

FÜR 4 PERSONEN

➤ 250 g Instant-Couscous | Salz | Pfeffer
300 ml Orangensaft | 2 EL Sesam
700 g Chicorée | 2 Orangen | 1 Bund
Petersilie | 4 EL Olivenöl | Cayenne-
pfeffer

1 | Couscous salzen und pfeffern, mit
kochend heißem Orangensaft übergießen,
zugedeckt 4–5 Min. quellen lassen. Sesam
ohne Fett rösten. Chicorée waschen, putzen und in Streifen schneiden. Orangen
schälen und filetieren. Petersilie waschen
und hacken.

2 | Chicorée 2 Min. im heißen Öl braten,
aufgelockerten Couscous 5 Min. mitbraten. Orangenfilets untermischen, mit Salz,
Pfeffer und Cayennepfeffer würzen. Sesam
und Petersilie aufstreuen.

mediterran
Pizza-Nudeln

FÜR 4 PERSONEN

➤ 400 g Penne
  Salz | Pfeffer
  150 g Salami (in Scheiben)
  500 g kleine feste Tomaten
  4 EL Olivenöl
  75 g schwarze Oliven
  2 TL Oregano (frisch gehackt oder getrocknet)
  250 g Mozzarella
  1 Bund Basilikum

🕐 Zubereitung: 30 Min.
➤ Pro Portion ca.: 760 kcal

1 | Nudeln in kochendem Salzwasser knapp bissfest garen, dann abgießen und gut abtropfen lassen.

2 | Inzwischen Salami in feine Streifen schneiden. Tomaten waschen und quer in Scheiben schneiden.

3 | Öl in einer großen Pfanne erhitzen, Nudeln darin 2–3 Min. unter ständigem Wenden braten. Salami und Oliven untermischen. Mit Salz, Pfeffer und Oregano würzen, 1–2 Min. weiterbra-ten. Tomaten vorsichtig unterheben.

4 | Mozzarella in Scheiben schneiden, auf den Nudeln verteilen und zugedeckt bei milder Hitze in 5 Min. schmelzen lassen. Basilikum-blätter abzupfen, abreiben und auf die Nudeln streuen. Sofort servieren.

preiswert
Wurst-Makkaroni-pfanne

FÜR 4 PERSONEN

➤ 400 g Makkaroni
  Salz | Pfeffer
  300 g Pfälzer Bauernwurst oder Wiener Würstchen
  1 weiße Zwiebel
  300 g Erbsen (TK)
  1 Dose Mais (285 g Abtropfgewicht)
  2 EL Öl
  1 EL Butter
  150 g Crème fraîche
  1 Bund Petersilie
  100 g geraspelter Emmentaler

🕐 Zubereitung: 40 Min.
➤ Pro Portion ca.: 1170 kcal

1 | Makkaroni in kochendem Salzwasser bissfest garen. Inzwischen Würste schräg in dünne Scheiben schneiden. Zwiebel schälen, halbieren und in Streifen schneiden. Erbsen antauen lassen. Mais in ein Sieb gießen und abtropfen lassen.

2 | Öl in einer großen Pfanne erhitzen, Würste und Zwie-belstreifen dazugeben und bei mittlerer Hitze 5 Min. braten.

3 | Nudeln abgießen, abtrop-fen lassen und mit der Butter in die Pfanne geben. Unter gelegentlichem Wenden 5 Min. braten. Erbsen, Mais und Crème fraîche einrühren, einmal aufkochen lassen, sal-zen und pfeffern.

4 | Petersilie waschen, ab-zupfen und fein hacken. Die Hälfte davon unter die Nudelpfanne rühren, Rest mit dem Käse obendrauf streuen. Dazu passt Tomatensalat.

im Bild vorne: **Wurst-Makkaronipfanne**   *im Bild hinten:* **Pizza-Nudeln** ➤

preiswert

Spinat-Spätzle-Pfanne

FÜR 4 PERSONEN

➤ 300 g aufgetauter Blattspinat

2 rote Zwiebeln

1 Bund Petersilie

100 g Räucherspeck

200 g Greyerzer

1 EL Öl

2 EL Butter

750 g Spätzle (gekocht oder Fertigprodukt)

Salz | Pfeffer

Muskatnuss, frisch gerieben

🕐 Zubereitung: 40 Min.

➤ Pro Portion ca.: 1090 kcal

1 | Spinat ausdrücken und grob hacken. Zwiebeln schälen, halbieren und in dünne Ringe schneiden. Petersilie waschen, trockenschütteln, von den Stielen zupfen und grob hacken. Speck in feine Streifen schneiden. Käse grob raspeln.

2 | Das Öl in einer großen Pfanne erhitzen, Speck bei mittlerer Hitze knusprig ausbraten. 1 EL Butter dazugeben, Zwiebelringe darin glasig braten. Restliche Butter erhitzen, Spätzle dazugeben und 5 Min. mitbraten, gelegentlich wenden.

3 | Spinat untermischen, die Spätzlepfanne mit Salz, Pfeffer und Muskat herzhaft würzen und 1 weitere Minute braten. Petersilie untermischen. Käse darauf streuen und zugedeckt in 2 Min. schmelzen lassen. Dazu passt grüner Salat mit Vinaigrette.

gelingt leicht

Tomaten-Reisnudeln

FÜR 4 PERSONEN

➤ 300 g Hähnchenbrustfilet

500 g Zucchini

1 Zwiebel

2 Knoblauchzehen

4 EL Olivenöl

Salz | Pfeffer

400 g Reisnudeln

3/8 l Tomatensaft

3/8 l Gemüsebrühe

1/2 TL rosenscharfes Paprikapulver

200 g Feta

🕐 Zubereitung: 35 Min.

➤ Pro Portion ca.: 680 kcal

1 | Hähnchenfilet in kleine Würfel schneiden. Zucchini waschen, putzen und ebenfalls klein würfeln. Zwiebel schälen und fein hacken. Knoblauch schälen.

2 | In einer großen Pfanne 2 EL Olivenöl erhitzen. Fleisch darin 3 Min. anbraten, herausnehmen, salzen und pfeffern. Danach Reisnudeln im heißen Bratfett bei mittlerer Hitze 3 Min. anbraten, Zwiebeln und Zucchini mit übrigem Öl dazugeben und unter gelegentlichem Umrühren 3–4 Min. mitbraten, bis die Zwiebeln goldgelb sind. Knoblauch dazupressen.

3 | Tomatensaft und Brühe angießen und unterrühren. Mit Salz, Pfeffer und Paprika würzen. Die Nudeln zugedeckt bei milder Hitze 10–15 Min. quellen lassen.

4 | Fleisch untermischen, noch 3 Min. ziehen lassen. Feta in Stücke bröckeln, auf die Reisnudeln streuen.

im Bild vorne: Spinat-Spätzle-Pfanne *im Bild hinten:* Tomaten-Reisnudeln ➤

Spezialität aus China
Chop Suey

FÜR 4 PERSONEN

➤ 500 g Schweinefilet
  Salz | Pfeffer
  150 g Glasnudeln
  500 g Mungobohnen-
  sprossen
  200 g Bambussprossen
  (Glas oder Dose)
  3 Stangen Staudensellerie
  200 g Möhren
  4 EL Sojasauce
  4 EL trockener Sherry
  1/2 TL Speisestärke
  3 EL Soja- oder Erdnussöl

🕐 Zubereitung: 30 Min.
➤ Pro Portion ca.: 400 kcal

1 | Filet in Streifen schneiden, pfeffern. Glasnudeln mit kochendem Wasser übergießen, 10 Min. einweichen.

2 | Sprossen abbrausen, abtropfen lassen. Bambussprossen in 1 cm breite Streifen schneiden. Sellerie putzen und in dünne Scheiben, Möhren schälen und in feine Stifte schneiden. Sojasauce, Sherry, Salz und Pfeffer verquirlen. Nudeln abtropfen lassen, in Stücke schneiden.

3 | Das Öl in einer Pfanne heiß werden lassen. Fleisch darin portionsweise in 2 Min. braun braten, herausnehmen. Erst Möhren und Sellerie in der Pfanne 2 Min. braten, dann Nudeln, Bohnen- und Bambussprossen 2–3 Min. pfannenrühren.

4 | Sauce einrühren, 2 Min. köcheln lassen. Fleisch dazugeben, erhitzen, salzen und pfeffern. Dazu passt Reis.

asiatisch
Knuspernudeln

FÜR 4 PERSONEN

➤ 250 g chinesische
  Mie-Bandnudeln
  Salz | Pfeffer
  2 EL Sesamöl
  400 g Shiitakepilze
  2 große rote Paprika-
  schoten
  1 walnussgroßes Stück
  Ingwer
  200 ml Asia- oder
  Gemüsefond
  4 EL Sojasauce
  4 TL trockener Sherry
  1 TL Speisestärke
  6 EL Erdnussöl

🕐 Zubereitung: 55 Min.
➤ Pro Portion ca.: 720 kcal

1 | Nudeln nach Packungsangabe garen, abtropfen lassen und noch heiß mit dem Sesamöl mischen.

2 | Pilze abreiben, Stiele abschneiden, Hüte halbieren oder vierteln. Paprika waschen, putzen und in feine Streifen schneiden. Ingwer schälen und fein würfeln. Fond, Sojasauce, Sherry und Speisestärke verrühren.

3 | In einer Pfanne 2 EL Öl erhitzen. 1 Nudelnest hineingeben und pro Seite in 4–5 Min. knusprig braten, herausnehmen und warm stellen. Die restlichen Nudeln ebenso braten, bei Bedarf noch 2 EL Öl nachgießen.

4 | Übriges Öl in der Pfanne erhitzen. Ingwer kurz anbraten. Paprika und Pilze hineingeben, 3–5 Min. unter Rühren braten. Würzsauce angießen und köcheln lassen, bis die Sauce gebunden ist. Salzen und pfeffern. Gemüse auf den Nudeln anrichten.

Spezialität vom Balkan

Reisfleisch mit Paprika

FÜR 4 PERSONEN

➤ 500 g Schweineschnitzel

2 Zwiebeln

je 1 rote, gelbe und grüne Paprikaschote

1 Stange Lauch

2 EL Schweineschmalz

250 g Langkornreis

1/8 l kräftiger Rotwein (ersatzweise Brühe)

Salz | Pfeffer

3 EL edelsüßes Paprikapulver

1/2 l Hühnerbrühe

🕐 Zubereitung: 50 Min.

➤ Pro Portion ca.: 700 kcal

1 | Fleisch in Streifen schneiden. Zwiebeln schälen und hacken. Paprikaschoten waschen, putzen und in 2 cm große Stücke schneiden. Lauch waschen, putzen und in Ringe schneiden.

2 | In einer großen Pfanne das Schmalz erhitzen. Fleisch darin portionsweise in 5 Min. anbraten. Zwiebelwürfel dazugeben und in 3 Min. glasig dünsten. Reis untermischen, kurz anrösten. Mit dem Wein ablöschen, 2–3 Min. einkochen lassen. Salzen und pfeffern, mit Paprikapulver bestäuben.

3 | Paprika und Lauch dazugeben, 2 Min. andünsten. Mit der Brühe auffüllen und bei mittlerer Hitze 20 Min. quellen lassen.

für Gäste

Paella-Pfanne

FÜR 4 PERSONEN

➤ 4 Hähnchenschenkel

Salz | Pfeffer

8 rohe ungeschälte Garnelenschwänze

1 Fleischtomate

1 rote Paprikaschote

1 Zwiebel

2 Knoblauchzehen

4 EL Olivenöl

1 Tütchen gemahlener Safran

250 g spanischer Rundkornreis (ersatzweise Risottoreis)

5/8 l Hühnerbrühe

150 g Erbsen (TK)

🕐 Zubereitung: 75 Min.

➤ Pro Portion ca.: 890 kcal

1 | Hähnchenschenkel in Ober- und Unterschenkel teilen, salzen und pfeffern. Garnelen trockentupfen. Tomate überbrühen, häuten, entkernen und klein würfeln. Paprika waschen, putzen und in feine Streifen schneiden. Zwiebel schälen und hacken. Knoblauch schälen.

2 | In einer Pfanne 3 EL Öl erhitzen, Hähnchenschenkel darin in 10 Min. rundherum braun braten, herausnehmen. Garnelen in 2–3 Min. rosa braten, herausnehmen.

3 | Übriges Öl in der Pfanne erhitzen, Safran dazugeben und kurz anschwitzen. Zwiebeln, zerdrückten Knoblauch, Paprika und Reis hinzufügen und 3 Min. unter Rühren dünsten. Hähnchen und Tomaten dazugeben. Ein Drittel der Brühe angießen, Reis und Gemüse in 25 Min. bei mittlerer Hitze gar kochen, dabei immer wieder etwas Brühe nachgießen.

4 | Erbsen und Garnelen 5 Min. vor Ende der Garzeit dazugeben, mit Salz und Pfeffer abschmecken.

aus Indonesien
Nasi goreng

FÜR 4 PERSONEN

➤ 250 g Langkornreis
  Salz | Pfeffer
  200 g gekochte Garnelen
  150 g Räucherspeck
  4 Frühlingszwiebeln
  4 Möhren
  300 g Knollensellerie
  3 Eier
  4 EL Erdnussöl
  1 EL Sesamöl
  2 EL dunkle Sojasauce

🕐 Zubereitung: 40 Min.
➤ Pro Portion ca.: 690 kcal

1 | Den Reis in 600 ml Salzwasser aufkochen, zugedeckt 15 Min. quellen lassen, auflockern, ausdampfen lassen.

2 | Inzwischen Garnelen waschen und abtropfen lassen. Speck in feine Streifen schneiden. Frühlingszwiebeln waschen, putzen und in feine Scheiben schneiden. Möhren und Sellerie schälen und in feine Streifen schneiden.

3 | Eier mit 2 EL Wasser, Salz und Pfeffer verrühren. 1 EL Erdnussöl erhitzen, Eier zu einem Omelett stocken lassen, herausnehmen.

4 | Im Wok übriges Erdnuss- und Sesamöl erhitzen, Speck anrösten, herausnehmen und auf Küchenpapier abtropfen lassen. Gemüse und Garnelen in die Pfanne geben und 3–4 Min. pfannenrühren, salzen und pfeffern. Reis untermischen und bei starker Hitze 5 Min. braten. Speck zufügen, mit Sojasauce, Salz und Pfeffer würzen. Omelett aufrollen und in Scheiben schneiden, Eistreifen über die Reispfanne streuen.

vegetarisch
Hirse-Gemüse-Pfanne

FÜR 4 PERSONEN

➤ 300 g grüner Spargel
  1 Kohlrabi
  200 g Zuckerschoten
  3 Frühlingszwiebeln
  300 g Hirse
  4 EL Öl
  1/2 l Gemüsebrühe
  Salz | Pfeffer
  1 EL Zitronensaft
  1 Kästchen Kresse
  200 g Schmand

🕐 Zubereitung: 45 Min.
➤ Pro Portion ca.: 560 kcal

1 | Spargel putzen, längs halbieren und in 4 cm breite Stücke schneiden. Kohlrabi schälen und würfeln. Zuckerschoten waschen, putzen und schräg halbieren. Frühlingszwiebeln waschen, putzen und in Ringe schneiden. Hirse heiß abbrausen.

2 | Das Öl in einer Pfanne mäßig heiß werden lassen. Gemüse bis auf das Grüne der Frühlingszwiebeln dazugeben und 5 Min. unter Rühren anbraten. Hirse hinzufügen und 2 Min. mitbraten. Mit der heißen Brühe auffüllen und zugedeckt bei schwacher Hitze 20–25 Min. garen.

3 | Hirsepfanne mit Salz, Pfeffer und Zitronensaft würzen, das Grün der Frühlingszwiebeln untermischen. Kresse abbrausen, abschneiden und aufstreuen. Mit jeweils einem Klecks Schmand servieren. Dazu passen Fladenbrot und wachsweiche Eier.

Fleisch- und Fischgerichte

Es müssen nicht immer Steaks und Koteletts sein, die zum schnellen Braten in die Pfanne wandern. Der eilige Gourmet genießt originelle Kompositionen aus zarten Stücken von Rind, Kalb, Schwein und Geflügel ebenso wie filetierten Fisch und frisches Gemüse. Geschnetzeltes, Ragouts oder Kurzgebratenes in aromatischer Sauce gelingen in Minutenschnelle. Ergänzt mit Kartoffeln, Brot, Nudeln oder Reis werden sie kurzerhand zu Hauptgerichten.

Blitzrezepte

Lamm-Gyros

FÜR 4 PERSONEN

➤ 600 g Lammkeule | 3 EL Olivenöl
Salz | Pfeffer | 1 TL Thymian | 1/2 TL
scharfes Paprikapulver | 2 zerdrückte
Knoblauchzehen | 400 g Schafmilch-
Joghurt | 1 EL Zitronensaft | 1 Bund
Petersilie | 200 g Tomaten | 2 Schalotten

1 | Fleisch in dünne Scheiben schneiden. In
Marinade aus 2 EL Öl, Salz, Pfeffer, Thymian, Paprika und Knoblauch wenden. Joghurt, übriges Öl und Zitronensaft verrüh-
ren. Petersilie abbrausen und abzupfen,
Tomaten waschen, vierteln oder achteln.
Schalotten schälen, in Ringe schneiden.

2 | Fleisch in sehr heißer Pfanne 5 Min.
bräunen. Mit Joghurt, Tomaten, Schalotten
und Petersilie anrichten.

Kräuter-Garnelen

FÜR 4 PERSONEN

➤ 300 g rohe Garnelen | 800 g kleine
Zucchini | 4 EL Olivenöl | 2 EL Butter
2 Knoblauchzehen | je 1 EL gehackter
Thymian und Rosmarin | Salz | Pfeffer
2 EL Zitronensaft | 100 g schwarze
Oliven

1 | Garnelen waschen. Zucchini waschen,
putzen und in dünne Scheiben schneiden.

2 | 2 EL Olivenöl und Butter erhitzen.
Knoblauch schälen und dazupressen,
Kräuter hinzufügen. Garnelen darin von
jeder Seite 2 Min. mild braten. Salzen und
pfeffern, herausnehmen. Im übrigen heißen Öl Zucchini 5 Min. braten. Mit Salz,
Pfeffer und Zitronensaft würzen Garnelen
und Oliven dazugeben.

orientalisch
Hackfleisch-pfanne

FÜR 4 PERSONEN

➤ 1 Dose Kichererbsen
   (240 g Abtropfgewicht)
   2 Kohlrabi
   1 rote Zwiebel
   3 EL Olivenöl
   500 g Hackfleisch
   1 EL Korinthen
   1 EL Pinienkerne
   1/8 l Fleischbrühe
   1 TL gemahlener Kreuz-
   kümmel
   Salz | Pfeffer
   5 Stängel Minze

🕐 Zubereitung: 30 Min.
➤ Pro Portion ca.: 580 kcal

1 | Kichererbsen in ein Sieb
schütten, abbrausen und gut
abtropfen lassen. Kohlrabi
putzen, schälen und klein
würfeln. Zwiebel schälen und
fein hacken.

2 | In einer Pfanne das Öl
erhitzen. Hackfleisch zufügen
und unter Rühren in 5 Min.
krümelig und braun braten.
Zwiebeln und Kohlrabi dazugeben und bei mittlerer Hitze
weitere 5 Min. braten.

3 | Kichererbsen, Korinthen
und Pinienkerne untermi-
schen, Brühe angießen. Mit
Kreuzkümmel, Salz und Pfeffer würzen. Unter gelegentli-
chem Rühren 5–7 Min. garen.
Minze abzupfen, hacken und
aufstreuen. Dazu passt Fla-
denbrot und Naturjoghurt.

schnell
Rumpsteak mit Bohnen

FÜR 4 PERSONEN

➤ 400 g Rumpsteak
   Salz | Pfeffer
   500 g grüne Bohnen
   400 g Möhren
   1 Dose Mais
   (285 g Abtropfgewicht)
   1 Zwiebel
   1 Knoblauchzehe
   1 rote Chilischote
   6 Stängel Bohnenkraut
   4 EL Olivenöl
   200 ml Rinderfond

🕐 Zubereitung: 50 Min.
➤ Pro Portion ca.: 540 kcal

1 | Fleisch in dünne Scheiben
schneiden, pfeffern. Grüne
Bohnen waschen, putzen und
einmal durchschneiden.

Möhren schälen und schräg
in Scheiben schneiden. Mais
in einem Sieb abtropfen lassen. Zwiebel und Knoblauch
schälen, Chilischote putzen
und alles fein würfeln. Bohnenkraut waschen, abzupfen
und hacken.

2 | 2 EL Öl in einer großen
Pfanne erhitzen. Fleisch darin
portionsweise in 2 Min. hell-
braun braten, herausnehmen
und salzen.

3 | Übriges Öl erhitzen. Zwie-
bel, Knoblauch und Chili-
schote darin 2–3 Min. an-
dünsten. Bohnen, Möhren
und die Hälfte des Bohnen-
krauts dazugeben und 3 Min.
mitdünsten, mit Salz und
Pfeffer würzen. Mit dem
Fond ablöschen, zugedeckt
bei mittlerer Hitze 10 Min.
garen.

4 | Fleisch und Mais unter-
mischen, noch 3 Min. bei
schwacher Hitze ziehen lassen. Mit Salz und Pfeffer
abschmecken. Übriges Boh-
nenkraut darüber streuen.
Dazu passt Knoblauch-
Baguette.

für Gäste
Filet à la Stroganoff

FÜR 4 PERSONEN

➤ 500 g Rinderfilet
  500 g kleine Champignons
  2 Zwiebeln
  200 g Cornichons
  3 EL Butterschmalz
  Salz
  Pfeffer
  1 EL Mehl
  1/4 l Rinderfond
  1 Bund glatte Petersilie
  150 g Schmand oder Crème fraîche
  1 EL scharfer Senf

🕐 Zubereitung: 60 Min.
➤ Pro Portion ca.: 355 kcal

1 | Fleisch quer zur Faser in 3–4 cm lange feine Streifen schneiden (1) und trockentupfen (2). Champignons abreiben, putzen und halbieren. Zwiebeln schälen, halbieren und in feine Ringe schneiden. Cornichons abtropfen lassen, 4 EL Gurkenwasser aufheben, Gurken in Streifen schneiden.

2 | Schmalz in einer großen Pfanne stark erhitzen, Fleisch darin portionsweise unter Wenden 1–2 Min. anbraten (3). Herausnehmen und pfeffern.

3 | Zwiebeln im Bratfett glasig dünsten. Pilze hinzufügen und 3 Min. mitdünsten. Mehl darüber stäuben, nur kurz hell anschwitzen. Mit Fond und Gurkenwasser ablöschen und 8 Min. köcheln lassen.

4 | Inzwischen Petersilie waschen, abzupfen und hacken. Schmand oder Crème fraîche und Senf in die Sauce rühren. Fleisch, Gurken und Petersilie untermischen, mit Salz und Pfeffer abschmecken. Servieren Sie dünne Bandnudeln oder Reis dazu.

TIPP Die Hälfte der Gewürzgurken durch Streifen von gekochter oder eingelegter roter Beete ersetzen.

1 Filet schnetzeln
Fleischscheiben quer zur Muskelfaser in dünne Streifen schneiden.

2 Fleisch trocknen
Die Filetstreifen sorgfältig mit Küchenpapier trockentupfen.

3 Braun braten
Die Fleischstreifen portionsweise und mit ausreichend Abstand in der Pfanne kräftig anbraten.

Klassiker auf neue Art

Kalb-Apfel-Geschnetzeltes

FÜR 4 PERSONEN

- 300 g Staudensellerie
- 3 Schalotten
- 2 große säuerliche Äpfel (z. B. Boskop)
- 2 EL Zitronensaft
- 3 EL Butterschmalz
- 500 g Kalbsgeschnetzeltes
- Salz | Pfeffer
- 1 EL Mehl
- 200 ml Kalbsfond
- 200 g Sahne
- 1/2 Bund Petersilie

⏱ Zubereitung: 40 Min.
➤ Pro Portion ca.: 460 kcal

1 | Sellerie waschen, putzen und in feine Scheiben schneiden, Selleriegrün beiseite legen. Schalotten schälen und fein würfeln. Äpfel waschen, vierteln und entkernen. Apfelviertel quer in dünne Scheiben schneiden, mit Zitronensaft beträufeln.

2 | In einer Pfanne 2 EL Butterschmalz erhitzen. Das Fleisch darin portionsweise in 2–3 Min. braun anbraten, herausnehmen, salzen und pfeffern. Übriges Schmalz in der Pfanne erhitzen. Schalotten, Sellerie und Äpfel darin 2–3 Min. braten. Mehl darüber stäuben und anschwitzen. Fond und Sahne angießen, aufkochen und 5 Min. köcheln lassen.

3 | Fleisch unterheben und erhitzen, salzen und pfeffern. Petersilie und Selleriegrün waschen, abzupfen und hacken, darüber streuen. Rösti oder Spätzle dazu servieren.

schnell

Kalbsmedaillons

FÜR 4 PERSONEN

- 8 Kalbsmedaillons (à 75 g)
- abgeriebene Schale von 1 unbehandelten Zitrone
- Salz | Pfeffer
- 750 g Fenchel
- 4 Schalotten
- 4 EL Olivenöl
- 2 EL Butter
- 150 ml trockener Weißwein (ersatzweise Kalbsfond)
- 375 g Sahne
- 1 TL Dijon-Senf

⏱ Zubereitung: 35 Min.
➤ Pro Portion ca.: 640 kcal

1 | Fleisch mit Zitronenschale und Pfeffer einreiben. Fenchel waschen, putzen und in dünne Streifen schneiden, Fenchelgrün fein hacken. Schalotten schälen und klein würfeln.

2 | Öl in einer Pfanne erhitzen, Medaillons darin auf jeder Seite 2–3 Min. braten. Fleisch herausnehmen, salzen und in Alufolie einwickeln.

3 | Bratfett abgießen. Butter in der Pfanne zerlassen, Schalotten darin glasig dünsten. Fenchelstreifen hinzufügen und 3 Min. dünsten. Wein angießen und bei mittlerer Hitze in 3 Min. auf die Hälfte einkochen lassen. Sahne einrühren, bei mittlerer Hitze 5 Min. einkochen lassen.

4 | Pfanne vom Herd nehmen. Senf, Bratensaft vom Fleisch und Fenchelgrün unterrühren. Mit Salz und Pfeffer abschmecken. Fenchelsahne über die Medaillons gießen. Petersilienkartoffeln dazu servieren.

im Bild vorne: **Kalbsmedaillons**   *im Bild hinten:* **Kalb-Apfel-Geschnetzeltes** ➤

mediterran
Putenröllchen

FÜR 4 PERSONEN

➤ 300 g aufgetauter Blattspinat

4 dünne Putenschnitzel

4 Scheiben Parmaschinken

Salz | Pfeffer

2 Knoblauchzehen

200 g Schalotten

300 g Zucchini

300 g Möhren

4 EL Olivenöl

2 TL getrockneter Thymian

1 EL Tomatenmark

400 ml Geflügelfond

4 Holzstäbchen

🕐 Zubereitung: 50 Min.

➤ Pro Portion ca.: 410 kcal

1 | Spinat ausdrücken und grob hacken. Fleisch flach drücken, mit Schinken und Spinat belegen, pfeffern. Aufrollen, mit Holzstäbchen feststecken, salzen und pfeffern.

2 | Knoblauch und Schalotten schälen, in Scheiben schneiden. Zucchini putzen, Möhren schälen, beides würfeln.

3 | 2 EL Öl in einer Pfanne erhitzen. Rouladen rundherum in 5 Min. braun anbraten, herausnehmen. Übriges Öl erhitzen, Gemüse und Thymian darin 5 Min. anbraten, salzen und pfeffern. Tomatenmark dazugeben, anschwitzen, mit dem Fond aufgießen und aufkochen lassen.

4 | Rouladen zum Gemüse geben, zugedeckt 12–15 Min. schmoren lassen.

macht was her
Hähnchen-taschen

FÜR 4 PERSONEN

➤ 4 Hähnchenbrustfilets

Salz | Pfeffer

1 Dose Artischockenherzen (240 g Abtropfgewicht)

1 EL Zitronensaft

2 TL Pesto (Fertigprodukt)

1 Hand voll Rucola

1 Zwiebel

2 EL Butterschmalz

500 g passierte Tomaten (Tetrapack)

1/8 l Hühnerbrühe

2 EL Wermut (nach Belieben)

4 Holzstäbchen

🕐 Zubereitung: 45 Min.

➤ Pro Portion ca.: 380 kcal

1 | In jedes Hähnchenfilet eine tiefe Tasche schneiden, Fleisch innen und außen salzen und pfeffern. Artischocken längs in dünne Scheiben schneiden. Mit Zitronensaft und Pesto vermischen. Rucola waschen. Zwiebel schälen und fein hacken.

2 | Die Hälfte der Artischocken und Rucolablätter in die Hähnchenfilets füllen, mit Holzstäbchen zustecken.

3 | Schmalz in einer Pfanne erhitzen, Fleisch auf jeder Seite 4–5 Min. braten. Herausnehmen und warm stellen. Zwiebel glasig dünsten. Die Tomaten und Brühe einrühren, bei mittlerer Hitze 10 Min. köcheln lassen.

4 | Fleisch, nach Belieben Wermut und übrige Artischocken in die Tomatensauce geben und 2–3 Min. bei milder Hitze dünsten. Übrigen Rucola hacken und darüber streuen. Schmale Bandnudeln passen gut dazu.

im Bild vorne: **Putenröllchen**   *im Bild hinten:* **Hähnchentaschen** ➤

Klassiker

Schweinefleisch süß-sauer

FÜR 4 PERSONEN

➤ 500 g mageres Schweinefleisch

Salz | Pfeffer

2 Zwiebeln

600 g Lauch

200 g Möhren

1 Dose Ananas in Ringen (560 g Inhalt)

1/8 l Geflügelfond

3 EL süß-pikante Chilisauce

2 EL Weißweinessig

2 TL Speisestärke

4 EL Erdnussöl

🕐 Zubereitung: 45 Min.

➤ Pro Portion ca.: 380 kcal

1 | Fleisch in 1 cm breite Streifen schneiden, pfeffern. Zwiebeln schälen und in Spalten schneiden. Lauch waschen, putzen und schräg in dicke Ringe schneiden. Möhren schälen und schräg in Scheiben schneiden. Ananas abgießen, Saft auffangen. Ananas in Stücke schneiden.

2 | Für die Würzsauce den Fond mit 1/8 l Ananassaft, Chilisauce, Essig und Speisestärke verquirlen.

3 | 3 EL Öl in einer Pfanne erhitzen. Fleisch darin portionsweise 5 Min. braten, herausnehmen und salzen.

4 | Zwiebeln, Möhren und Lauch im übrigen Öl 3 Min. dünsten. Ananas untermischen. Würzsauce angießen, aufkochen, zugedeckt 5 Min. köcheln lassen. Fleisch dazugeben und erhitzen. Dazu passt Reis.

mediterran

Paprika-Tunfisch

FÜR 4 PERSONEN

➤ 600 g Tunfisch

1 Knoblauchzehe

4 EL Zitronensaft

Salz | Pfeffer

6 Schalotten

je 2 grüne und gelbe Paprikaschoten

2 Fleischtomaten

1 Zweig Rosmarin

6 Zweige Thymian

4 EL Olivenöl

4 EL Rotwein (ersatzweise Gemüsebrühe)

🕐 Zubereitung: 50 Min.

➤ Pro Portion ca.: 480 kcal

1 | Tunfisch in mundgerechte Stücke schneiden. Knoblauch schälen und zerdrücken, mit Zitronensaft, Salz und Pfeffer verrühren. Fisch darin wenden und zugedeckt 30 Min. ziehen lassen.

2 | Inzwischen Schalotten schälen und längs vierteln. Paprika waschen, putzen und in Streifen schneiden. Tomaten überbrühen, abschrecken, häuten, halbieren und entkernen. Fruchtfleisch würfeln. Rosmarin und Thymian abbrausen, Blättchen abzupfen und hacken.

3 | In einer großen Pfanne das Öl erhitzen. Schalotten darin in 3 Min. goldbraun braten. Paprika dazugeben und 3 Min. mitdünsten. Tomaten, Wein und Kräuter in die Pfanne geben, salzen und pfeffern. Aufkochen lassen, Tunfisch samt Marinade hinzufügen und zugedeckt bei mittlerer Hitze 15 Min. schmoren, mit Salz und Pfeffer würzen. Servieren Sie Pellkartoffeln dazu.

asiatisch

Chinakohl-Fischpfanne

FÜR 4 PERSONEN

➤ 600 g Heilbuttfilet
Salz | Pfeffer
2 EL Reisessig
250 g Erbsen (TK)
500 g Chinakohl
250 g Kirschtomaten
150 ml Asia- oder Gemüsefond
4 EL Sojasauce
1 TL Speisestärke
6 EL Sojaöl
4 EL Mehl

🕐 Zubereitung: 40 Min.
➤ Pro Portion ca.: 400 kcal

1 | Fisch in mundgerechte Würfel schneiden, mit Salz, Pfeffer und Reisessig würzen. Erbsen antauen lassen. Chinakohl waschen, putzen und in breite Streifen schneiden. Tomaten waschen und halbieren oder vierteln. Fond, Sojasauce und Stärke verquirlen.

2 | In einem Wok oder einer großen beschichteten Pfanne 4 EL Öl erhitzen. Fischstücke abtupfen, in Mehl wenden und portionsweise in 3 Min. gut anbraten. Herausnehmen und warm stellen.

3 | Übriges Öl in der Pfanne erhitzen. Chinakohl hineingeben und unter Rühren 3 Min. braten. Erbsen und Tomaten dazugeben. Würzsauce angießen, einrühren, aufkochen und 2 Min. köcheln lassen. Fisch in die Pfanne geben, mit Salz und Pfeffer abschmecken. Reis dazu servieren.

schnell

Gurken-Lachs-Ragout

FÜR 4 PERSONEN

➤ 500 g Lachsfilet (ohne Haut)
2 EL Zitronensaft
Salz | Pfeffer
2 Salatgurken
2 Zwiebeln
2 EL Butter
1 EL Mehl
300 ml Gemüsebrühe
125 g Sahne
1 Bund Dill
1 EL Kapern

🕐 Zubereitung: 30 Min.
➤ Pro Portion ca.: 440 kcal

1 | Fisch in mundgerechte Stücke schneiden, mit Zitronensaft, Salz und Pfeffer würzen. Gurken schälen, halbieren, entkernen und in dünne Scheiben schneiden. Zwiebeln schälen und würfeln.

2 | Butter in einer Pfanne erhitzen, Zwiebeln darin glasig dünsten. Gurken dazugeben, 3 Min. zugedeckt dünsten. Mehl darüber stäuben, kurz anschwitzen. Mit Brühe und Sahne ablöschen, 5 Min. offen köcheln lassen, dabei gelegentlich rühren. Fisch dazugeben, zugedeckt bei milder Hitze 5 Min. mitgaren.

3 | Dill waschen, von den Zweigen zupfen, hacken und mit den Kapern unter das Ragout rühren. Mit Salz und Pfeffer abschmecken. Dazu schmecken Pellkartoffeln.

Eier- und Mehlspeisen

Ei in die Pfanne schlagen, Spiegelei braten, Brot dazu – fertig! Es geht aber auch raffinierter: Mit Eier- und Mehlspeisen, die kaum mehr Zeit brauchen, aber wesentlich mehr Genuss bieten. Spinat-Pfannkuchen, Gemüse-Omelett und Hawaii-Schnitten gehören zu diesen „pfanntastischen" Gerichten. Und wem der Sinn nach Süßem steht, kann bei Quarkkeulchen, Mohnschmarren und Kirsch-Clafoutis herrlich schwelgen.

Blitzrezepte

Speck-Rührei mit Pilzen

FÜR 4 PERSONEN

➤ 8 Eier | Salz | Pfeffer | Muskatnuss, frisch gerieben | 400 g Champignons | 1 Bund Schnittlauch | 100 g Räucherspeck 1 EL Öl | 2 EL Butter | 2 EL Kürbiskerne

1 | Eier verquirlen, mit Salz, Pfeffer und Muskat würzen. Champignons putzen, abreiben und in Scheiben schneiden. Schnittlauch in Röllchen schneiden.

2 | Speck würfeln und in einer großen Pfanne mit dem Öl knusprig braten, herausnehmen. Pilze in der heißen Butter bei mittlerer Hitze 5 Min. braten, salzen und pfeffern. Eiermasse darüber gießen und bei mittlerer Hitze in 3–4 Min. stocken lassen. Rührei mit Schnittlauch, Speck und Kürbiskernen bestreuen.

Gebratener Grieß mit Dörrobst

FÜR 4 PERSONEN

➤ 750 g gemischtes Backobst | 1/4 l halbtrockener Weißwein (ersatzweise Traubensaft) | 2 EL Zitronensaft | 4 EL brauner Zucker | 1 Stange Zimt | 300 ml Milch 1 Prise Salz | 400 g Hartweizengrieß 100 g Butter

1 | Backobst mit Wein, 1/8 l Wasser, Zitronensaft, 2 EL Zucker und Zimt 10 Min. köcheln, vom Herd nehmen und abkühlen lassen. Milch und 300 ml Wasser mit Salz und übrigem Zucker aufkochen. Grieß einrieseln und 1–2 Min. quellen lassen.

2 | Butter erhitzen, Grieß darin in 5–7 Min. goldbraun rösten. Mit dem Dörrobst servieren.

vegetarisch

Spinat-Pfannkuchen

FÜR 4 PERSONEN

➤ 300 g Mehl | 125 g Sahne
2 Eier
Salz | Pfeffer
4 EL Sonnenblumenkerne
750 g zarter Blattspinat
100 g getrocknete Tomaten in Öl
150 g junger Ziegenkäse
1 Zwiebel
2 Knoblauchzehen
5 EL Olivenöl

🕐 Zubereitung: 60 Min.
➤ Pro Portion: 760 kcal

1 | Mehl, 3/8 l Wasser, Sahne, Eier und 1/2 TL Salz verrühren. Teig 30 Min. quellen lassen. Sonnenblumenkerne in einer Pfanne rösten.

2 | Spinat waschen, putzen und tropfnass in eine breite Pfanne geben, zugedeckt bei starker Hitze in 1–2 Min. zusammenfallen lassen. Spinat in einem Sieb abtropfen lassen und gut ausdrücken. Getrocknete Tomaten abtropfen lassen und in feine Streifen, Käse in Würfel schneiden. Zwiebel und Knoblauch schälen und fein hacken.

3 | In einer Pfanne 2 EL Öl erhitzen, Zwiebeln und Knoblauch darin glasig dünsten. Spinat dazugeben, 2 Min. mitdünsten, salzen und pfeffern. Alles unter den Pfannkuchenteig rühren.

4 | In einer Pfanne je 1–2 TL Öl erhitzen, nacheinander 8 Pfannkuchen backen. Tomaten, Käse und Sonnenblumenkerne darauf verteilen, Pfannkuchen umklappen.

gelingt leicht

Gemüse-Omelett

FÜR 4 PERSONEN

➤ 8 Eier | 1/8 l Milch
Salz | Pfeffer
1 Bund Petersilie
1 reife Avocado
2 EL Limettensaft
3 EL Crème fraîche
2 Schalotten
1 rote Paprikaschote
1 Stange Lauch
5 EL Olivenöl

🕐 Zubereitung: 45 Min.
➤ Pro Portion ca.: 480 kcal

1 | Eier mit Milch, Salz und Pfeffer verrühren. Petersilie waschen, hacken und unter die Eiermilch rühren.

2 | Avocado halbieren, entsteinen. Das Fruchtfleisch mit Limettensaft zerdrücken. Crème fraîche unterrühren, salzen und pfeffern. Schalotten schälen, hacken und untermischen.

3 | Paprika und Lauch waschen und putzen. Paprika klein würfeln, Lauch in dünne Scheiben schneiden. In einer beschichteten Pfanne 1 EL Öl erhitzen, Lauch und Paprika 3 Min. braten, herausnehmen, warm stellen.

4 | 2 EL Öl in der Pfanne erhitzen. Die Hälfte der Eier hineingießen, 2–3 Min. anbraten. Die Hälfte des Gemüses darauf geben, in 5–7 Min. stocken lassen. Etwas Avocadocreme auf das Omelett geben, pfeffern. Das zweite Omelett in gleicher Weise zubereiten. Avocadocreme dazu servieren.

im Bild vorne: **Gemüse-Omelett**   *im Bild hinten:* **Spinat-Pfannkuchen** ➤

gelingt leicht

Krabbenrührei-Brötchen

FÜR 4 PERSONEN

➤ 4 große Baguettebrötchen
4 Frühlingszwiebeln
150 g Kirschtomaten
1 Bund Schnittlauch
200 g Nordseekrabben
8 Eier
100 ml Mineralwasser
Salz | Pfeffer
Muskatnuss, frisch
gerieben
100 g Butter

🕑 Zubereitung: 30 Min.
➤ Pro Portion : 560 kcal

1 | Brötchen längs aufschneiden, Krume herauslösen und hacken. Frühlingszwiebeln waschen, putzen, in schmale Ringe schneiden. Tomaten waschen und vierteln. Schnittlauch waschen und in Röllchen schneiden. Krabben abtropfen lassen.

2 | Eier mit Mineralwasser, Salz, Pfeffer und Muskat verquirlen. Die Hälfte des Schnittlauchs untermischen. 50 g Butter in einer Pfanne

erhitzen, Brötchen darin von jeder Seite in 1–2 Min. goldbraun rösten, herausnehmen.

3 | Übrige Butter erhitzen, Frühlingszwiebeln und Krume darin 2 Min. braten. Eier dazugießen und in 5 Min. stocken lassen. Krabben vorsichtig unterheben.

4 | Rührei in die Brötchenhälften füllen, mit den Tomaten belegen. Restlichen Schnittlauch darauf streuen.

schnell

Hawaii-Schnitten

FÜR 4 PERSONEN

➤ 8 Scheiben Toastbrot
8 TL Butter
4 große Scheiben
gekochter Schinken
4 Ananasscheiben
(aus der Dose)
4 Scheiben mittelalter
Gouda
4 Eier
1/8 l Milch
Salz | Pfeffer
Cayennepfeffer
2 EL Butterschmalz

🕑 Zubereitung: 30 Min.
➤ Pro Portion : 560 kcal

1 | Toastbrot mit Butter bestreichen. 4 Toastscheiben mit je 1 Schinkenscheibe belegen, so dass sie auf einer Seite überhängt. Erst mit je 1 Ananasscheibe, dann mit 1 Käsescheibe belegen. Überhängenden Schinken darüber klappen, mit den übrigen Toastscheiben bedecken und leicht zusammendrücken. Brote diagonal zerteilen.

2 | Eier und Milch verquirlen, mit Salz, Pfeffer und Cayennepfeffer würzen. Toastdreiecke in der Eiermischung wenden.

3 | Butterschmalz in einer großen Pfanne erhitzen. Toastbrote darin bei mittlerer Hitze pro Seite 4 Min. braten. Nach Belieben auf Salatblättern anrichten.

gut vorzubereiten

Arme Ritter mit Beeren

FÜR 4 PERSONEN

➤ 250 g Weißbrot oder 4 Brötchen vom Vortag

4 Eier | 1/4 l Milch

250 g Sahne

2 EL Bourbon-Vanillezucker

5 EL Johannisbeergelee

600 g gemischte Beeren (TK)

3 EL Butterschmalz

100 g Semmelbrösel

100 g gemahlene Haselnüsse

🕒 Zubereitung: 25 Min.

➤ Pro Portion : 870 kcal

1 | Weißbrot in 8 Scheiben schneiden, Brötchen halbieren. Eier mit Milch, Sahne und 1 EL Vanillezucker verquirlen. Brot oder Brötchen in eine flache Form legen, mit der Eiermilch unter Wenden tränken, bis sie durchzogen sind.

2 | Johannisbeergelee erhitzen, Beeren dazugeben und einmal aufkochen, dann erkalten lassen.

3 | Butterschmalz in einer großen Pfanne erhitzen. Brotscheiben zuerst in Semmelbröseln, dann in den Nüssen wenden und bei mittlerer Hitze von jeder Seite 3 Min. braten. Auf Küchenpapier kurz abtropfen lassen.

4 | Arme Ritter mit den Beeren anrichten. Mit dem restlichen Vanillezucker bestreuen. Dazu passt Vanillesauce.

Klassiker auf neue Art

Apfel-Quarkkeulchen

FÜR 4 PERSONEN

➤ 800 g gekochte Pellkartoffeln vom Vortag

400 g Äpfel (z. B. Boskop, Jonathan)

250 g Magerquark

150 g Mehl und Mehl zum Ausrollen

1 TL Backpulver

1/2 TL Salz

4 EL Zucker

abgeriebene Schale von 1 unbehandelten Zitrone

2 Eier

5 EL Butterschmalz

1 TL Zimtpulver

🕒 Zubereitung: 60 Min.

➤ Pro Portion : 550 kcal

1 | Kartoffeln pellen und fein reiben. Äpfel gut waschen, abreiben, vierteln und entkernen. Apfelviertel grob raspeln und dazugeben. Quark abtropfen lassen, mit Mehl, Backpulver, Salz, 2 EL Zucker und Zitronenschale zu den Kartoffeln geben. Eier verquirlen und hinzufügen.

2 | Kartoffelteig kurz durchkneten und auf der bemehlten Arbeitsfläche zu einer Rolle von 6–7 cm ⌀ formen. In 1,5 cm dicke runde Scheiben (Keulchen) schneiden und diese leicht flach drücken.

3 | In einer großen Pfanne 2–3 EL Butterschmalz erhitzen und die Keulchen portionsweise von jeder Seite in 4 Min. goldbraun braten. Quarkkeulchen nach und nach in dem übrigen Schmalz braten. Restlichen Zucker und Zimt vermischen, darüber streuen. Dazu passt Apfelmus oder Kompott, z. B. von Kirschen, Äpfeln, Birnen oder Preiselbeeren.

im Bild vorne: **Arme Ritter mit Beeren**   *im Bild hinten:* **Apfel-Quarkkeulchen** ➤

Klassiker auf neue Art

Mohn-schmarren

FÜR 4 PERSONEN

➤ 500 g Aprikosen (frisch oder aus der Dose)
100 ml Himbeersirup
2 EL Mohn
100 g Mehl
2 EL Zucker
1/4 l Milch
4 Eier
50 g Rosinen
2 EL Butterschmalz
Puderzucker zum Bestäuben

🕐 Zubereitung: 30 Min.
➤ Pro Portion ca.: 460 kcal

1 | Aprikosen waschen, halbieren, entsteinen, in Spalten schneiden. Himbeersirup aufkochen, Aprikosen dazugeben und 5 Min. dünsten, abgedeckt kalt stellen.

2 | Den Mohn in einer Pfanne ohne Fett anrösten. Mehl, Zucker und Milch verquirlen. Eier trennen. Eigelbe, Mohn und Rosinen nacheinander unter den Teig rühren. Eiweiße steif schlagen und unterheben.

3 | Butterschmalz in einer beschichteten Pfanne erhitzen, Teig hineingießen und bei schwacher Hitze 4 Min. backen, bis die Unterseite leicht gebräunt ist. Pfannkuchen mit zwei Gabeln zerreißen. Teigstücke bei stärkerer Hitze noch 5 Min. braten und wenden, bis alles leicht gebräunt ist. Mit Puderzucker bestäuben. Das Kompott dazu servieren.

Spezialität aus Frankreich

Kirsch-Clafoutis

FÜR 4 PERSONEN

➤ 4 Eier
120 g Zucker
1 EL Vanillezucker
200 g Mehl
3/8 l Milch
1 Prise Salz
1 TL abgeriebene unbehandelte Zitronenschale
1 Glas Schattenmorellen (350 g Abtropfgewicht)
3 EL Butterschmalz
1 EL Puderzucker
Fett für den Teller

🕐 Zubereitung: 50 Min.
➤ Pro Portion ca.: 650 kcal

1 | Eier trennen. Eigelbe, Zucker und Vanillezucker schaumig schlagen. Mehl und Milch, dann Salz und Zitronenschale unterrühren. Teig 20 Min. quellen lassen.

2 | Kirschen in einem Sieb abtropfen lassen. Eiweiße steif schlagen und unter den Teig heben.

3 | 2 EL Butterschmalz in einer Pfanne zerlassen. Teig hineingießen und 5 Min. backen, bis die Unterseite leicht gebräunt ist. Die Kirschen auf die noch nicht ganz feste Oberfläche streuen. Pfannendeckel auflegen und den Clafoutis in 10 Min. bei schwacher Hitze goldbraun backen.

4 | Einen leicht gefetteten Teller auf die Pfanne legen, umdrehen und den Pfannkuchen auf den Teller stürzen. Das restliche Schmalz erhitzen, den Clafoutis mit der gebräunten Seite nach oben in die Pfanne gleiten lassen. Weitere 3–4 Min. bräunen. Mit Puderzucker bestäubt servieren. Dazu passt halbfest geschlagene Sahne.

im Bild vorne: **Kirsch-Clafoutis**   *im Bild hinten:* **Mohnschmarren**   ➤

Zum Gebrauch

Damit Sie Rezepte mit bestimmten Zutaten noch schneller finden können, stehen in diesem Register zusätzlich auch beliebte Zutaten wie Kartoffeln oder Paprikaschoten – ebenfalls alphabetisch geordnet und **halbfett** gedruckt – über den entsprechenden Rezepten.

Die Autorin

Martina Kittler machte nach dem Studium der Ernährungs- und Sportwissenschaften in Gießen ihre Leidenschaft Kochen zum Beruf. Fast acht Jahre lang war sie in der Redaktion der größten deutschen Kochzeitschrift tätig. Inzwischen arbeitet sie als freie Food-Journalistin in München. Ihre Schwerpunkte: moderne und gesunde Ernährung sowie schnelle und unkomplizierte Rezepte für jeden Tag.

Der Fotograf

Kai Mewes ist selbstständiger Food-Fotograf in München und arbeitet für Verlage und Werbung. Sein Studio mit Versuchsküche befindet sich in der Nähe des Viktualienmarktes. Die stimmungsvollen Bilder sind Ausdruck seiner Hingabe, Fotografie und kulinarischen Genuss zu vereinen. Das Foodstyling gestaltete Daniel Petri.

Bildnachweis

Titelbild: Jörn Rynio, Hamburg
Alle anderen: Kai Mewes

Programmleitung: Doris Birk
Redaktion: Tanja Dusy
Lektorat: Bettina Bartz
Korrektorat: Mischa Gallé
Layout, Typografie und Umschlaggestaltung: Independent Medien Design, München
Satz: Appl, Wemding
Herstellung: Maike Harmeier
Reproduktion und Druck: Appl, Wemding
Bindung: Sellier, Freising

ISBN 3-7742-6057-5

Auflage	5.	4.	3.
Jahr	2007	06	05	04

Gedruckt auf Primasilk 130 g/qm holzfrei mattgestrichen Bilderdruck, made by StoraEnso, geliefert von der Papier Union

GRÄFE UND UNZER

Ein Unternehmen der
GANSKE VERLAGSGRUPPE

Das Original mit Garantie

Ihre Meinung ist uns wichtig. Deshalb möchten wir Ihre Kritik, gerne aber auch Ihr Lob erfahren. Um als führender Ratgeberverlag für Sie noch besser zu werden. Darum: Schreiben Sie uns! Wir freuen uns auf Ihre Post und wünschen Ihnen viel Spaß mit Ihrem GU-Ratgeber.

Unsere Garantie: Sollte ein GU-Ratgeber einmal einen Fehler enthalten, schicken Sie uns das Buch mit einem kleinen Hinweis und der Quittung innerhalb von sechs Monaten nach dem Kauf zurück. Wir tauschen Ihnen den GU-Ratgeber gegen einen anderen zum gleichen oder ähnlichen Thema um.

GRÄFE UND UNZER VERLAG
Redaktion Kochen
Postfach 86 03 25
81630 München
Fax: 089/41981-113
e-mail: leserservice@ graefe-und-unzer.de

DIE IDEALE PFANNE

- hat einen dicken Boden (z. B. Eisen- oder Aluminiumguss, Thermoboden), der die Hitze gleichmäßig leitet, und einen gut isolierten Griff. Für den Elektroherd muss der Boden eben sein.
- hat einen hohen Rand, damit man auch ein Saucengericht oder eine komplette Mahlzeit problemlos darin zubereiten kann. Der Deckel muss dicht mit der Pfanne abschließen, um damit schmoren und dünsten zu können.

Geling-Garantie fürs Kochen in der Pfanne

HEISSES FETT

- Hoch erhitzbare Öle, Pflanzenfette und Butterschmalz sind für alles gut geeignet, was im Nu knusprig braun werden soll. Kaltgepresste Öle und Butter sind nur fürs Braten bei mittlerer und milder Hitze geeignet.
- Zum Braten erst die Pfanne vorheizen, dann Öl oder Fett hineingeben und warten, bis das Fett Schlieren zieht. Zur Probe einen Holzstiel hineinhalten. Bei Bläschen ist das Fett heiß genug.

BRATKARTOFFELN

- Fest kochende Sorte wählen. Kartoffeln am Vortag kochen, damit sie nicht zerfallen.
- Die Pfanne, am besten mit Antihaft-Beschichtung oder aus Gusseisen, sollte so groß sein, dass möglichst viele Kartoffelscheiben nebeneinander liegen. Nicht zu viele Kartoffeln in die Pfanne geben, sonst bräunen sie nicht.

FRISCHES GEMÜSE

- Wasserhaltiges Gemüse, z. B. Zucchini, Pilze und Paprika, flach nebeneinander liegend dünsten, damit es gleichmäßig gart.
- Alle Gemüse kann man – fein geschnitten und gut trockengetupft – in sehr heißem Fett unter Rühren braten. Feste Sorten, z. B. grüne Bohnen, Blumenkohl vorher blanchieren.